BIBLIOTHÈQUE

DE

BELFORT.

CATALOGUE

DES

OUVRAGES

DE LA

BIBLIOTHÈQUE

DE LA

VILLE DE BELFORT,

dressé en 1859 par M. Victor DANTZER, receveur municipal.

1859.
1860

CATALOGUE

DE LA

BIBLIOTHÈQUE

DE LA

VILLE DE BELFORT.

HISTOIRE, BIOGRAPHIE.
Archéologie, chronique, etc.

1 Verderhagen de rebus publicis hanseaticis, 4 v. in 32.
2 Sprecheri Rhetia, 1 v. in-32.
3 Casparis Constareni de Republica Venetorum, 1 v. in-32.
4 Succia sive de Suecorum regnis, 1 v. in 32.
5 De regno Daniæ et Morvegiæ, 1 v. in-32.
6 De Lodiensi, republica, 1 v. in-32.
7 Respublica Scotiæ et Hiberniæ, 1 v. in-32.

8 Gullii de Constantinopoleos topographia, 1 v. in-32.
9 Cunoci de republica hebræorum, Bertramus de republica hebræorum, 2 v. in-32.
10 Respublica hungariæ, 1 v. in-32.
11 Belgii confederati respublica, 1 v. in-32.
12 Hispania, 1 v. in-32.
13 Portugalia, 1 v. in-32.
14 Persia, 1 v. in-32.
15 Respublica Boiema, 1 v. in-32.
16 Græcorum respublica ab Ubbone Emmio descripta, 1 v. in-32.
17 Leonis Africani Africæ descriptio, 1 v. in-32.
18 Respublica et status imperii romano-germanici, 1 v. in-32.
19 Respublica Lutzenburgis, Hannoniæ et Namurensis, 1 v. in-32.
20 Sabaudiæ respublica, 1 v. in-32.
21 Respublica romana, 1 v. in-32.
22 Regni Chinensis descriptio, 1 v. in-32.
23 Monarchia hebræorum, 1 v. in-32.
24 Donati Jannotii de republica Venetorum, 1 v. in-32.
25 Simbri Vallesciæ et Alpium descriptio, 1 v. in-32.
26 De principatibus Italiæ, 1 v. in-32.
27 Respublica Moscoviæ, 1 v. in-32.
28 Respublica Hollandiæ, 1 v. in-32.
29 De imperio magni Mogolis, 1 v. in-32.
30 Turcici imperii status, 1 v. in-32.
31 Descriptio regni Japoniæ per Varenium, 1 v. in-32.
32 Historiæ de gentibus septentrionalibus auct. olao magno, 1 v. in-18.
33 Carionis chronicorum libri (double), 1 v. in-18.
34 Compendium belli germanici ab anno 1617 ad annum 1650, 1 v. in-18.
35 Elenchi motuum nuperorum in Anglia brevis enarratio, 1 v. in-18.

36 Histoire de la vie des papes, 1 v. in-18.
37 Besoldi synopsis rerum gestarum, 1 v. in-18.
38 Principum et illustrium virorum epistolæ, 1 v. in-18.
39 Tursellini epitome historiarum, 1 v. in-18 (double).
40 Testament politique du duc de Louvois, 1 v. in-18.
41 Historica auxilia auct. Defing (all.), 1 v. in-18.
42 Harangues des historiens grecs et latins, 1 v. in-12.
43 Histoire des différents entre les Jésuites et les Dominicains, 1 v. in-18.
44 Recueil des actions mémorables de Philippe II, 1 v. in-18.
45 Histoire du ministère du cardinal Mazarin, par Gualdo Prioralo, 1 v. in-18.
46 Leo Hollandicus (all.) 5 v. in-12.
47 Mémoires du duc de Guise, 1 v. in-18.
48 Courte histoire universelle, par Defing (all.) double, 1 v. in-18.
49 Histoire des Croisades, par Maimbourg, 4 v. in-18.
50 Histoire de l'hérésie des Iconoclastes, par le même, 2 v. in-18.
51 Histoire des Conciles généraux par Truillot, 1 v. in-12.
52 Mémoires du duc de Navailles et de Lavallette, 1 v. in-18.
53 Le Mercure hollandais, par Louvet, 1 v. in-12
54 Histoire du lutbérianisme, par Maimbourg, 2 v. in-18.
55 Histoire de la révolution du royaume de Siam en 1688, par Lestain, 2 v. in-12.
56 Chronique de l'évêché de Constance par Merck (all.) 1 v. in-18.
57 Histoire de l'Arianisme, par Maimbourg, 2 v. in-18.
58 Florus Gallicus auct. Berthault, 1 v. in-18.
59 Epistolæ Japonicæ, 1 v. in-12.
60 Histoire de Charles XII, par Voltaire, 2 v. in-12.
61 Epitome annalium Trevirensium, 1 v. in-12.
62 Duces Boiariæ auct. Brunner, 1 v. in-12.
63 Vita sancti Benedicti, 1 v. in-12.
64 Le siége de Vienne par les Turcs, 1 v. in-12.

65 Historiæ miscellæ a Paulo aquilegiensi collectæ, 1 v. in-12.
66 Histoire mémorable des grands et merveilleux jugements de Dieu, par Chassanion, 1 v. in-12.
67 Rudimenta historica et geographica (all.) 5 v. in-12.
68 Courte chronique de nos temps, par d'Isselt (all.) 1 v. in-12.
69 Tabulæ chronologicæ auct. Pantaleone Candido. 1 v. in-18.
70 Courte introduction à l'étude des médailles (all.) 1 v. in-12.
71 Rerum memorabilium libri auct. Pancirollo, 1 v. in-12.
72 Pauli Jovii historiæ sui temporis, 3 v. in-12.
73 Historiæ comminæi 1 v. in-12.
74 Osorii de rebus Emmanuelis, 1 v. in-12.
75 Jarrici rerum judicarum Thesaurus, 3 v. in-12.
76 Antiquités et recherches sur les villes de France, 1 v. in-12.
77 Generalis temporum notio auct. Danes, 1 v. in-12.
78 Inventaire général de l'histoire de France de Jean de Serres, 2 v. in-12.
79 Annales Boicorum auct Brunner, 1 v. in-12.
80 Collegia historica, 9 v. in-12.
81 Abrégé de l'histoire de l'église, 4 v. in-12.
82 Histoire d'Elisabeth d'Angleterre par Leti, 2 v. in-12.
83 Histoire des conciles par Hermant, 4 v. in-12.
84 Histoire du calvinisme par Maimbourg, 2 v. in-18.
85 Conjuration de Rienzi par du Cerceau, 1 v. in-12.
86 Histoire universelle par Bossuet, 1 v. in-12.
87 Vita sancti Francisci Xavierii a Bouhours, 1 v. in-12.
88 De ruinis gentium et regnorum auct. Bozio Engebino, 1 v. in-12.
89 Histoire romaine, par Rollin, 16 v. in-12.
90 Histoire ancienne, par Rollin, 12 v. in-12.
91 Histoire du Bas-Empire, par Lebeau, 10 v. in-12.
92 Evènements considérables de l'histoire profane et sacrée, 5 v. in-12.
93 Histoire du schisme des Grecs, par Maimbourg, 2 v. in-12.

— 7 —

94 Éléments d'histoire de l'Angleterre, par Millot, 3 v. in-12.
95 Histoire des troubles de France sous Henri III et Henri IV, 1 v. in-12.
96 Discours sur l'histoire ecclésiastique et justifications, 3 v. in-12.
97 Histoire sainte, par le père Gautrutchze, 4 v. in-12.
98 Histoire des Templiers, des Teutons, des Hospitaliers, 2 v. in-12.
99 Histoire sainte de la ville de Chatillon, par Legrand, 1 v. in-12.
100 Mémoires sur la Chine, par le Comte, 2 v. in-12.
101 Histoire des croisades contre les Albigeois, par Langlois, 1 v. in-18.
102 Journal encyclopédique pour l'annnée 1769, 1 v. in-12.
103 Histoire de la nouvelle France, par Charlevoix, 3 v. in-12.
104 Éléments d'histoire générale, par Millot, 7 v. in-12.
105 Histoire de la république de Venise, 12 v. in-12.
106 Histoire d'Angleterre, par Smoleck, 18 v. in-12.
107 Histoire moderne pour servir de suite à l'histoire ancienne, par Rollin, 8 v. in-12.
108 Histoire de la réformation de la Suisse, par Ruchat, 6 v. in-12.
109 Histoire des Hélvétiens, par d'Alt, 10 v. in-12.
110 Series romanorum pontificum auct. Kolbs, 1 v. in-4.
111 Series romanorum imperatorum auct. Kolbs, 1 v. in-4.
112 Histoire ecclésiastique, par Fleury, 37 v. in-4.
113 Histoire de l'église de Strasbourg, par Grandidier, 2 v. in-4.
114 Vie de St-Athanase, par Hermant, 2 v. in-4.
115 Vie de St-Bazile et St-Grégoire de Naziance, par Hermaut, 2 v. in-4.
116 Histoire dogmatique de la religion, par Sommier, 2 v. in-4.
117   Le même ouvrage,   id.   2 v. in-4.
118 Histoire générale des auteurs sacrés, par D. Cellier, 23 v. in-4.
119 Abrégé de l'histoire ecclésiastique, par un anonyme (l'abbé Racine) 13 v. in 4.
120 Histoire du concile de Pise, par Lenfant, 1 v. in-4.

121 Histoire du Nestorianisme, par Doucin, 1 v. in-4.
122 Histoire des révolutions arrivées en Europe en matière de religion, par Varillas, 6 v. in-4.
123 Histoire du concile de Trente, par Soave Polano, 1 v. in-4.
124 Mémoires historiques sur les missions orientales, par Norbert, 2 v. in-4.
125 Histoire de l'hérésie de ce siècle, par de Roemond, 1 v. in-4.
126 Epitome annalium ecclesiasticorum Baronii, 1 v. in-4.
127 Guillimanni Habsburgica, 1 v. in-4.
128 Histoire de St-Grégoire, par de Ste-Marthe 1 v. in-4.
129 Histoire de la guerre des Hussites et du concile de Bâle, par Lenfant, 1 v. in-4.
130 Alexandri historia ecclesiastica, 9 v. in-4,
131 Histoire du concile de Constance, par Lenfant, 1 v. in-4.
132 Histoire de Charles VIII, par Varillas, 1 v. in-4
133 Histoire du concile de Trente, par Sarpi 2 v. in-4.
134 Annales des frères mineurs, 4 v, in-4.
135 Mémoires du prince de Montécuculli (all) 1 v. in-4.
136 Histoire de la constitution Unigénitus, par Lafiteau, 1 v. in-4.
137 Chiffletii Vesontio, civitas imperialis, 1 v in-4.
138 Histoire des guerres civiles de France, par Davila, 2 v. in-4.
139 Britania auct Camden, 1 v. in-4
140 Limnæi notitia regni Franciæ, 2 v. in-4.
141 De christianis apud Japonicos triomphis 1 v. in-4.
142 Histoire critique du vieux testament, par Simon, 1 v. in-4.
143 Doudini historia de rebus gestis ab Alex-Franesio, 1 v. in-4.
144 Chronique d'Alsace et de Strasbourg, de Jacob de Kænigshoven, (all) 1 v. in-4.
145 Lexicon historique...., de Kehring, 1 v. in-4.
146 Histoire de Mahomet et des Turcs, par Schustern, (all), 1 v. in-4.
147 Lexique historique des héros et des héroïnes, par Gauhen, (all), 1 v. in-4.

148 Massenini historiarum de Carolo V et Ferdinando libri, 1 v. in-4.
149 Chronique du règne de Ferdinand, par Bouer, (all), 1 v. in-folio.
150 Die vier und zvanzig Gulden Harpfen, (all), 1 v. in-folio.
151 Histoire et description des Pays-Bas, par Mannevel, (all), 1 v. in-folio.
152 Rosini romanarum antiquitatum libri, 1 v. in-folio.
153 Cluveri Germania antiqua, 1 v. in-folio.
154 Histoire ecclésiastique, par Cornélius Hazart. (all). 1 v. in-folio.
155 Chronique bâloise, de Wurtisen, 1 v. in-folio.
156 Histoire du monde d'après la Bible, par Calin (all), 2 v. in-folio.
157 Histoire des papes depuis St-Pierre jusqu'à Clément XI, 1 v. in-f°.
158 Chronique du règne de Ferdinand II, par Mérian, (all), 1 v. in-folio.
159 Chronique des princes d'Autriche, par Gérard de Roo, (all), 1 v. in-folio.
160 Annales de la Suisse, par Stettler, 1 v. in-folio.
161 Histoire de l'empire sous Ferdinand II, par Bell, (all), 1 v. in-f°.
162 Évènements du règne de Chales V, par Sleidan, (all), 1 v. in-f°.
163 Chronicon Alsatiae, de Bernard Hertzog, (all), 1 v. in-folio.
164 L'Europe bouleversée, par Valkenier et Muller (all), 3 v. in-folio.
165 Le même ouvrage (all), 1 v. in-folio.
166 Chronique de Bavière, de Jean Aventin, (all), 1 v. in-folio.
167 Histoire catholique du XVIe siècle par de Coste, 1 v. in-folio.
168 Portrait des grands hommes, rois, etc, par Beuther, (all), 1 v. in-folio.
169 Struvii corpus germanicæ historiæ, 2 v. in-folio.
170 Crusii annales suevici, 1 v. in-folio.
171 Historiæ ecclesiasticæ scriptores græci, 1 v. in-folio.
172 Opus chronographicum auct. Opmeero, 1 v. in-folio.
173 Histoire romaine, par Coffeteau, 1 v. in-folio.
174 Annales ecclesiastici auct. Baronio, 1 v. in-folio.
175 Des Etats, empires du monde, par T. D. V. Y., 1 v. in-folio.

176 Histoire généalogique de la maison de France, par les frères de Ste-Marthe, 2 v. in-folio.
177 Histoire de l'église gallicane, par Longueval, 18 v. in-4.
178 Histoire de l'église et de la ville de Besançon, par Dunod, 2 v. in-4.
179 Mémoires pour servir à l'histoire du comté de Bourgogne, par Dunod, 1 v. in-4.
180 Histoire de Henri III, par Varillas, 2 v. in-4.
181 Histoire de l'église du Japon, par Crasset, 2 v. in-4.
182 Histoire de l'établissement du christianisme, par Bullet, 1 v. in-4.
183 Histoire des souverains pontifes qui ont siégé dans Avignon, 1 v. in-4.
184 Histoire généalogique des sires de Salins, par Guillaume, 2 v. in-4.
185 Histoire d'Espagne de Ferreras, 10 v. in-4.
186 Histoire du traité de Westphalie, 3 v. in-4.
187 Histoire de St-Louis, 2 v. in-4.
188 Histoire de la maison royale de France, par Anselme, 2 v. in-4.
189 Histoire de Charles VI, par de Choisy, 1 v. in-4.
190 Histoire de François Ier, par Varillas, 2 v. in-4.
191 Histoire de Henri II, par le même, 2 v. in-4.
192 Histoire de Charles IX, par le même, 2 v. in-4.
193 Mémoires de Bussy Rabutin, 2 v. in-4.
194 Historia mediani in monte Vosago monasterii 1 v. in-4.
195 Histoire de Charles V, par de Choisy, 1 v. in-4.
196 Histoire de France, par Velly, Villaret et Garnier, 15 v. in-4.
197 Histoire d'Angleterre, par Rapin de Thoyras, 15 v. in-4.
198 Platjnæ historiæ pontificum romanorum 1 v. in-4.
199 Histoire du peuple de Dieu, par Berruyer 14 v. in-4.
200 Recueil des critiques qui ont paru contre l'histoire du peuple de Dieu, 1 v. in-4.
201 Histoire romaine, par Rollin, 8 v. in-4.

202 Histoire des empereurs romains, par Crevier, 6 v. in-4.
203 Armachani annales, 2 v. in-4.
204 Histoire générale des Turcs. 1 v. in-4.
205 Histoire universelle de D. Calmet, 17 v. in-4.
206 Histoire ancienne, par Rollin, 6 v. in-4.
207 Histoire du Japon, par Kœmpfer, 2 v. in-folio.
208 Annales ecclesiastici auct. Baronio, 2 v. in-folio.
209 Histoire de St-Louis, par Joinville, annales de G. de Nangis etc., 1 v. in-folio.
210 Alsatia illustrata auct. Shœpflino, 2 v. in-folio.
211 Le grand dictionnaire historique de Moreri, 10 v. in-folio.
212 Entretien d'un jeune prince avec son gouverneur, 1 v. in-12.
213 Histoire de France sous Louis XIV, par de Larrey, 9 v. in-12.
214 Histoire des empereurs romains, par Crevier, 11 v. in-12.
215 Extraits des principales histoires de l'Europe, (all), 1 v. in-12.
216 Guallerii chronicon chronicorum, 1 v. in-12.
217 Chronologia ecclesiastico-politica, 1 v. in-8.
218 Coutzen, historia abyssini regis, 1 v. in-8.
219 Opus variarum historiarum, 1 v. in-12.
220 Histoire des variations des églises protestantes, par Bossuet, 5 v. in-12.
221 Histoire romaine d'Echard, 12 v. in-12.
222 Histoire de l'empire, par Heis, 10 v. in-12.
223 Principes de morale et de droit public, par Moreau, 20 v. in-8.
224 Nouveau dictionnaire historique, 6 v. in-8.
225 Histoire de France, par Mezeray, 17 v. in-8.
226 Histoire des guerres civiles des Espagnols dans les Indes 4. v. in-8.
227 Histoire de l'Ethiopie, 1 v. in-8.
228 Histoire des Incas, rois du Pérou, 3 v. in-8.
229 Histore de la Colombie, par Lallemant, 1 v. in-8.
230 Famiani Stradæ de bello belgico, 1 v. in-4.
231 Recherches sur les principautés françaises de Morée, par Buchon. 2 v. in-8 et atlas in-folio.

232 Monstrelet etc., 1 v. in-8.
233 Chastelain, chronique de Bourgogne, 1 v. in-8.
234 J. du Clercq, de St Remy, etc., 1 v. in-8.
235 Loyal Serviteur, de Marillac, du Bellay, 1 v. in-8.
236 Palma Cayet, de Marillac, Villeroy, 2 v. in-8.
237 Le président Jeannin, 1 v. in-8.
238 Machiavelli, etc., 2 v. in-8.
239 Guicchiardini etc., 1 v. in-8.
240 Froissard, Bouciquaut etc. 3 v. in-8.
241 Histoire de France, par Burette, 2 v. in-8.
242 Annales sacri et ex profanis præcipui auct. Torniello, 2 v. in-folio.
243 Table chronographique de l'état du christianisme, par Gauthier, 1 v. in-folio (double).
244 Iconologia deorum (all), 1 v. in-folio.
245 Chronica Naucleri, 1 v. in-folio.
246 Mémoires de Michel de Castelnau, 2 v. in-folio.
247 Annuaire historique de la société de l'histoire de France, de 1838 à 1858, 18 v. in-12.
248 Odilo Schreger (all.) sur ce qu'il y a de remarquable, 1 v. in-12.
249 Maffei historiarum libri, 1 v. in-12.
250 Mémoires concernant l'institut des Jésuites, 1 v. in-12.
251 Histoire abrégée d'Alsace de Schæpflino, par Chauffour, 2 v. in-12.
252 Abrégé de l'histoire ancienne, 1 v. in-12.
253 Cahiers d'histoire littéraire ancienne et moderne, de Burette, 4 v, in-12.
254 Introduction à l'histoire de l'Europe, par Pufendorff (all.) 1 v. in-12.
255 Cahiers d'histoire ancienne, de Burette, 4 v. in-12.
256 Courte introduction de l'histoire des temps anciens et nouveaux (all.) 1 v. in-12.

257 Annales de l'empire depuis Charlemagne, 1 v. in-12.
258 Histoire des chevaliers de Malte, par Vertot, 7 v. in-12.
259 Mémoires pour servir à l'histoire ecclésiastique, 3 v. in-12.
260 Berti breviarum historiæ ecclesiasticæ, 2 v. in-12.
261 Histoire de Belfort, par M. Correy, 10 exemplaires in-12.
262 Cahiers d'histoire moderne, de Burette, 2 v. in-12.
263 Histoire générale de la compagnie de Jésus, 4 v. in-12.
264 Introduction de l'histoire de l'église en France, 1 v. in-12.
265 Dissertations sur divers sujets de l'histoire de France, par Bullet, 1 v. in-8.
266 Alstedii Thesaurus chronologiæ, 1 v. in-8.
267 Vie de Dom Calmet, 1 v. in-8.
268 Relations historiques, par Latronus, (all), 2 v. in-4.
269 Chronique de l'empire romain, par Gottfrieden, (all), 2 v. in-4.
270 Basilea, sepulta et retacta, auct. Toniolano, 1 v. in-4.
271 Etat présent de l'Europe par Tozen, (all), 2 v. in-4.
272 Guillimani de rebus Helvetiorum, 1 v. in-4.
273 Histoire de l'introduction de la religion catholique en Chine, (all), 1 v. in-4.
274 Histoire des peuples appelés Sévarambes, (all), 1 v. in-4.
275 Abrégé de l'histoire généalogique de la maison de Lorraine, par de Liguiville, 1 v. in-8.
276 Histoire d'Hohenbourg ou du Mont St-Odile par Albrecht, (all), 1 v. in-4.
277 Histoire abrégée de la vie de François de Marmiesse, 2 v. in-8.
278 Histoire de l'université de Paris, par Eugène Debarle, 2 v. in-8.
279 Histoire de France, par Jules Migeon, 1 v. in-8.
280 Histoire des émigrés français, par Antoine, 3 v. in-8.
281 Introduction à l'étude de l'histoire du moyen-âge, par Chesnon, 1 v. in-8.
282 Histoire du ministère de Caning, 2 v. in-8.
283 Histoire de la guerre de la Péninsule sous Napoléon, par Foy, 3 v. in-8.

284 Recherches sur le comté de Dachsbourg, 1 v. in-8.
285 Histoire des villes de la Haute Normandie, 1 v. in-8.
286 Discours des ducs de Latour-d'Auvergne, (all), 1 v. in-4.
287 id. des Olivaret, (all), 1 v. in-4.
288 id. de Catherine Alexieuwe, (all), 1 v. in-4.
289 Discours entre l'électeur de Saxe et le duc de Saxe-Altenbourg, (all), 1 v. in-4.
290 id. entre les premiers monarques romains et les empereurs, (all), 1 v. in-4.
291 Discours de Guillaume Tell, (all), 1 v. in-4.
292 Discours des ducs de Mercœur, (all), 1 v. in-4.
293 Discours de feu l'électeur de Mayenne, (all), 1 v. in-4.
294 Histoire d'Espagne, par St-Hilaire, 7 v. in-8.
295 Eloge historique du général Lecourbe, par E. Bousson de Mairet, 1 v. in-8.
296 Histoire d'Alsace, par Schœplin, 5 v. in-8.
297 Galeries historiques de Versailles, 8 v. in-8.
298 Œuvres posthumes de Philippe Duplessis, 5 v. in-8.
299 De Coussy, de Troyes, Thomasssin, Fenin, etc, etc. 1 v. in-8.
300 Histoire de la décadence et de la chute de l'empire romain par Gibbon, 2 v. in-8.
301 Chroniques étrangères, relatives aux expéditions françaises du 13ᵉ siècle, 1 v. in-8.
302 Ph. de Commines, de Villeneuve, de la Marche etc., 1 v. in-8.
303 Ceverny, Huranlt, satire Menippée, 1 v. in-8.
304 De Montluc, 1 v. in-8.
305 Saulx, Tavannes, du Villars, 1 v. in-8.
306 De la Place, de la Planche, d'Aubigné etc. 1 v. in-8.
307 Robertson, 2 v. in-8.
308 Musée historique de Versaille, par Théodore Burette, 65 livraisons in-folio.
309 Galerie chronologique de l'histoire ancienne, par Perrin, 1 v. in-folio.

310 Vitet. La ligue, scènes historiques, 2 v. in-12.
311 Schmidt. Part que les Strasbourgeois ont pris à la réformation du Palatinat, (all), 1 v. in-12.
312 Souvenirs numismatiques de la révolution de 1848, 1 v. in-8.
313 Le cabinet historique. Revue mensuelle 1858, 2 v. in-8.
314 Histoire de l'art en France, 1 v. in-8.
315 Histoire du Bas-Rhin, par de Migneret, 1 v. in-8.
316 Monuments de l'histoire de France, par Hennin, 5 v. in-8.
317 Napoléon III président et empereur, 1 cahier in-12.
318 Catalogue des monnaies mérovingiennes. 1 cahier in-12.
319 Histoire numismatique de la révolution française, 2 v. in-4.
320 Galerie de Diane à Fontainebleau, atlas in-folio.
321 Tombeau de St-Dizier évêque et martyr, par Anatole de Barhélemy, 1 livraison in-8.

SCIENCES.

1 Le Turenne retranché, principes d'architecture militaire, (all), 1 v. in-12.
2 École du soldat, 1 v. in-12.
3 Flora francica à Franco, 1 v. in-12.
4 Histoire naturelle des insectes et des crustacées, 11 v. in-12.
5 École du cavalier, 1 v. in-12.
6 Des mystères de la nature, par Théophraste, (all), 1 v. in-12.
7 Guide des sous-officiers, 1 v. in 12.
8 Traité des poisons et des contre-poisons par Jeannin Armand, 1 v. in-12.
9 Le grand livre des planètes, (all), 1 v. in-12.
10 Sur la fabrication du verre, (all) 1 v. in-12.
11 Mathématique allemand, par Muller, (all), 1 v. in-12.
12 Hier. Cardani de rerum varietate, 1 v. in-12.
13 Magnes auct. Rodier, 1 v. in-12.
14 Manœuvres de l'infanterie, 1 v. in-12.
15 Moyens de défense contre la rage et l'hydrophobie, par Mezler, (all), 1 v. in-2.
16 Traité de médecine, par Charles Stracks, (all), 1 v. in-12.
17 Manuel de médecine, par Sincer, 1 v. in-12.
18 Essai d'une démonstration de l'inexistence de l'attraction, (all), 1 v. in-12.
19 Contre les asphyxies, par Portal, (all), 1 v. in-12.
20 Dissertation sur la cure de l'apoplexie, 1 v. in-12.
21 Fons aquæ salientis in vitam. Leonard Edel. (all), 1 v. in-12.
22 Physica generalis, auct. Horwarth, 3 v. in-12.

23 Le cours de Physique de Nollet, 4 v. in-12.
24 Bustamentini de reptilibus et animalibus sacræ scripturæ 2 v. in-12.
25 Instructions pour les infirmiers, 1 v. in-12.
26 Traité sur la peste, (all), 1 v. in-12.
27 Magasin général des arts, (all), 1 v. in-12.
28 Essai des merveilles de la nature, par René François, 1 v. in-12.
29 Tonrnefortius alsaticus, auct. Von Lindern, 1 v. in-12.
30 Géométrie de Baulieu, 1 v. in-12.
31 Elementa physicæ auct. Mussenbrock, 1 v. in-8.
32 Recueil de plusieurs machines militaires, par Tybouret et Appier, 1 v. in-8.
33 Flagellum Diaboli (all), 1 v. in-8.
34 Magia naturalis, (all), 1 v. in-8.
35 Documents sur l'architecture, (all), 1 v. in-8.
36 Thyræi dæmoniaci, 1 v. in-8.
37 Physica generalis et particularis auct. Bivald, 2 v. in-8.
38 Oculus hoc est fundamentum opticum, auct. Schneider, 1 v. in-8.
39 Tabula geographico horologa, 1 v. in-8.
40 Le jardinier fleuriste, (all), 1 v. in-8.
41 Le soin de la santé, par Buxtorf, 1 v. in-8.
42 Magasin général des arts et des sciences, 8 v. in-8.
43 Principes de physique, par Pierre Mussenbrock, (all), 1 v. in-8.
44 Traité d'architecture civile, (all), 1 v. in-8.
45 Thyræi de apparitionibus, 1 v. in-8.
46 Valli de horologiis sciotericis, 1 v. in-8.
47 Rapport sur le choléra-morbus, 1 v. in-8.
48 Tables de Martin, 1 v. in-8.
49 Application de l'algèbre à la géométrie de Bourdon, 1 v. in-8.
50 Éléments d'algèbre, de Reynaud, 1 v. in-8.
51 Essai sur l'art du briquetier, par Clerc, 1 v. in-8.
52 Éléments de géométrie de Bezout, 1 v. in-8.

53 Considération sur le recrutement de l'armée, 1 v. in-8.
54 Essai sur la constitution géognostique des Pyrénées, par de Charpentier, 1 v. in-8.
55 Mémoire sur le traitement de la cataracte, par Gondret, 1 v. in-8.
56 Catalogue des Camées de la Bibliothèque impériale, 1 v. in-8.
57 Introduction à l'étude de l'harmonie, par Derode, 1 v. in-8.
58 Traité de pathologie interne, par Hardy et Béhier, 3 v. in-8.
59 Le choléra-morbus épidémique, traité d'après la méthode physiologique, 1 v. in-8.
60 Relations des épidémies du choléra-morbus observées en Hongrie, Moldavie, etc., 1 v. in-8.
61 Architecture de Vignolles, avec commentaires de Daveler, (all), 1 v. in-8.
62 Le haras français, (anglais), 1 v. in-8.
63 Rapport sur les progrès des sciences mathématiques depuis 1789, 1 v. in-8.
64 Mystères des pompes funèbres de Paris, 1 v. in-8.
65 Cours de mathématiques, par Camus, 4 v. in-8.
66 Commentarii collegii coniurbreusis in physicorum libros Aristotelis, 1 v. in-4.
67 Justi Lipsi polyorceton libri, 1 v. in-4.
68 In Aristotelis naturalem philosophiam commentarius, 1 v. in-4.
69 Mémoires d'artillerie, de St Remy, 2 v. in-4.
70 Maison rustique du XIXe siècle, 4 v. in-4.
71 Dictionnaire d'histoire naturelle, par Valmont de Bomare, 6 v. in-4.
72 Histoire et mémoires de l'académie des sciences, 118 v. in-4.
73 Histoire naturelle, de Buffon, 16 v. in-4.
74 Etudes sur les machines, par Coste, 1 v. in-4.
75 Traité de la perspective, par Lebreton, 1 v. in-4.
76 Essai d'une navigation aérienne, par Jules Deckherr, 1 v. in-4.
77 Essai sur la locomotion rapide par Jules Deckherr, 1 v. in-4.

78 Elucidatio fabricæ ususque astrolabii à Stofferino, 1 v. in folio.
79 Voyage minéralogique en Hongrie, 3 v. in-4. et atlas.
80 Architecture polygromme chez les Grecs, par Hittoroff, 1 v. in-8 et atlas.
81 Dicquisitionum magicarum libri, auct. Detrio, 1 v. in-folio.
82 De l'art de la guerre, par Fronsperger, 1 v. in-folio.
83 De l'architecture, par Walter, (all), 1 v. in-folio.
84 Homo figuratus et symbolicus, 2 v. in-folio.
85 Roberti acrifodina scientiarum, 2 v. in-folio.
86 Gesneri historia animalium, 1 v. in-folio.
87 Mundi mirabilis æconomia, auct. Zahn, 2 v. in-folio.
88 Encyclopédie des arts et des sciences, 30 v. in-folio.
89 Choix de peintures de Pompei, par Raoul Rochette, 7 livraisons in-folio.
90 Architecture arabe, 1 v. in-folio.
91 Le Parthénon, par Laborde, 6 livraisons in-folio.
92 Coste. Du développement des corps organisés, 1 v. in-4. texte et 1 v. in-folio planches, plus 3 livraisons id.
93 Aubineau. Traité de la construction des escaliers, 1 v. in-18.
94 Bernard. Les lois économiques, 1 v. in-18.
95 Parisot. Petit dictionnaire de mythologie comparée, 1 v. in-18.
96 Roret. Manuel du fabricant d'indiennes, 1 v. in-12.
97 Boret. Manuel du boulanger et du meunier, 2 v. in-12.
98 Chatignier. Clauses et conditions imposées aux entrepreneurs, 1 v. in-12.
99 Prevostini. De la tenue des livres, 1 v. in-12.
100 Pégot-Ogier. La Russie et les chemins de fer, 1 v. in-12.
101 Casimir Delanone. Manuel-Barême de l'escompte, 1 v. in-12.
102 Lecoy. Tarif pour la réduction des bois, 1 v. in-12.
103 Zaccone. Le langage des fleurs, 1 v. in-12.
104 Hubert. Traité de comptabilité du matériel des chemins de fer, 1 v. in-12.

105 Morel. Sur les accouchements, (all), 1 v. in-12.
106 Lamb. La soie c'est de l'or, 1 v. in-12.
107 Stéphen de la Madeleine. Théories complètes du chant, 1 v. in-8.
108 Le génie de la France, 1 v. in-8.
109 Ancellin. Traité sur la filature du lin et du chanvre, 1 v. in-8.
110 Alfred Michiels. Rubens et l'école d'Anvers, 1 v. et catalogue in-8.
111 Paignon. Théorie légale des opérations de banque, 1 v. in-8.
112 Vasari. Vie des peintres. 10 v. in-8 et atlas.
113 Salomon. Le père Lachaise, 1 v. in-8.
114 Rapport de la commission mixte instituée à Rome, 1 v. in-4.
115. Doublet. Nouvelle méthode de la tenue des livres. 1 v. in-8.
116 Müller. Habitations ouvrières et agricoles. 1 v. texte & atlas in-folio.
117 Rembrant. Paysages à l'eau forte, 3 livraisons in-folio.
118 Garnaud. Etudes d'architecture chrétienne, 1 livraison in-f.
119 Travaux d'Hercule, atlas in-folio.
120 Caristie. Monuments antiques à Orange, 1 v. in-folio.
121 Cours de dessin par Elex, 1 v. texte et 1 v. planches in-4.
122 Portefeuille de l'Italie. Vues d'après nature par Eug Ciceri, 2 livraisons in-folio.
123 Ascension de N. S. J.-C. par Perugin, 3 livraisons.

PHILOLOGIE, PÉDAGOGIE.

1 Mureti variarum lectionum libri, 1 v. in-32.
2 Dapes ciceronianæ, (double), 1 v. ni-32.
3 Comeni janua aurea linguarum, 1 v. in-32.
4 Neuhusi florilegium philologicum, 1 v. in-18.
5 Niess. De ortu et occasu linguæ latinæ, 1 v. in-18.
6 Indiculus universalis latino-germanicus, 1 v. in-18.
7 Thesaurus elegantiarum Aldi Manutii, 1 v. in-18.
8 Tyrocinium latini sermonis, 1 v. in-18.
9 Valentini de disciplinis, 1 v. in-18.
10 Manuductio ad excerpendum, 1 v. in-18.
11 Aphthonii progymnasmata, 1 v. in-18.
12 Essai d'une grammaire française, par Shifflet, 1 v. in-18.
13 La silhouette du jour, abus, vices, travers, &c., 2 v. in-12.
14 Possevini cultura ingeniorum, 1 v. in-12.
15 Neandri de re poetica grecorum, 1 v. in-12.
16 Rodolphi de inventione dialectica, 1 v. in-12.
17 Vergaræ gramatica græca, 1 v. in-12.
18 Latinitatis liber memorialis, 1 v. in-12.
19 Colloquia sive exercitatio latinæ linguæ 1 v. in-12.
20 Jacobi Poutani. Progymnasmatum latinitatis, 1 v. in-12.
21 Epistolarum conscribendarum methodus a Sambuco, 1 v. in-12.
22 Bruno. Artificium perorandi, 1 v. in-12.
23 Poutani ethicorum ovidianorum libri, 1 v. in-12.
24 Synonimorum libellus, 1 v. in-12.
25 Gramatica græca sacra. Georgii Pasoris. 1 v. in-12.
26 Copiosa supellex elegantissimarum Germanicæ et latinæ linguæ, 1 v. in-12.

27 Sebastiani opus gramaticum. 1 v. in-12.
28 Rolandi dictionariolum germani-latino-græcum, 1 v. in-12,
29 Colloquia sive confabulationes Tyronum litterarum, 1 v. in-12.
30 Amplissimis, pitetate, prudentia, 1 v. in-12.
31 Morceaux allemands, par Jean-Rudolphe Sattler, (all), 1 v. in-12.
32 Martini synonima, 1 v. in-12.
33 Compendium grammaticæ græcæ Ceporini, 1 v. in-12.
34 Promptuarium germanicum-latinum, 1 v. in-12.
35 Colloquia puerilia. Maturini Corderii, 1 v. in-12.
36 De difficillimo generi epistolarum, 1 v. v. in-12.
37 Erasmi de duplici copia verborum, 1 v. in-12.
38 Selecta latini sermonis exemplaria, 1 v. in-12.
39 Introductio ad linguam græcam, 1 v. in-12.
40 Buxtorfi institutio epistolaris hebraica, 1 v. in-12.
41 Illustrium pœtarum flores, 1 v. in-12.
42 Recherches sur la diversité des langues, 1 v. in-12.
43 Cleandri linguæ græcæ institutiones, (double), 1 v. in-12.
44 Grammaire italienne, de César Oudin, 1 v. in-12.
45 Sebastiani dictionarium hebraicum, 1 v. in-12.
46 Erasmi de pronunciatione, 1 v. in-12.
47 Commentarius in selectas Ciceronis orationes, 2 v. in-12.
48 Epistolæ elaboratiores, auct. Rieffel, 1 v. in-12.
49 Illicæ gramaticæ præcpta, auct. Lentulo. 1 v. in-12.
50 Erasmi apopthegmatum libri, (double), 1 v. in-12.
51 Melanthi erotemata dialectices, 1 v. in-12.
52 Grammaire latine. Emmanuelis Alvari, 1 v. in-12.
53 Langii hebræus codex, 1 v. in-12.
54 Institutiones linguæ hebraicæ Georgii Mayr, 1 v. in-12.
55 Novum organum philologicum, auct. Beschero, 1 v. in-12.
56 De l'art d'écrire, (all), 1 v. in-12.
57 Buxtorfi thesaurus grammaticus linguæ hebrææ, 1 v. in-12.
58 Levitæ grammatica hebræa, 1 v. in-12.

59 Comenii. Orbis sensualium picti, 1 v. in-12.
60 Thesauri rerum publicarum, 1 v. in-12.
61 Thesauri latinitatis compendium, auct. Rentzio, 1 v. in-12
62 Heineccii fundamenta styli cultioris, 1 v. in-12.
63 Flores doctorum græcorum et latinorum, 1 v. in-12.
64 Epistolæ familiares, auct. Kolezawa, 1 v. in-12.
65 Emanuellis Alvari institutiones linguæ latinæ & græcæ, 1 v. in-12.
66 Novissimus pedagogus domesticus, 1 v. in-12.
67 Pagnini epitome thesauri linguæ sanctæ, 1 v. in-12.
68 Latinælinguægrammatica tripartita, auct. Gsell, (triple), 1 v. in-12.
69 Petit dictionnaire allemand-latin, 1 v. in-8.
70 Lambini thesaurus ciceronianus, 1 v. in 8.
71 Grammaire latine, (all), (triple), 1 v. in-8.
72 Ars memoriæ, auct. Erhardt, 3 v. in-8.
73 Gradus ad Parnassum a Paulo Aler, 1 v. in-8.
74 Ravisii officina sive theatrum, 1 v. in-8.
75 Masenii palæstra styli romani, 1 v. in-8.
76 Manuductio ad artem grammaticam, 1 v. in-8.
77 Laurentii vallæ de elegantia linguæ latinæ, 1 v. in 8.
78 De ratione discendi & docendi, 1 v. in-8.
79 Judex poeticus, auct. Desing. 1 v. in-8.
80 Prisii dictionarium bilingue, 1 v. in-8,
81 Silva quinque linguis vocabulorum per Emm. Vombaiensem, 1 v. in-8.
82 De linguæ hebrææ laudibus auct. Schwalenberg, 1 v. in-8.
83 Rieffetii rhetorica, 2 v. in-8
84 Vocabularium gemma gemmarum (1512) 1 v. in-8.
85 Gurtleri lexicon quatuor linguarum, 1 v. in-8.
86 Dictionarium latino-germanicum, auct. Dasgypodio, 1 v. in-8.
87 Struvii introductio in notitiam rei letterariæ, 1 v. in-8,
88 Pauli Aler dictionarium germanico latinum, 1 v. in-8,
89 Posselii caligraphia oratoria linguæ græcæ, 1 v. in-8.

90 Brunneri rudimenta hebraicæ linguæ 1 v. in-8.
91 Steganographia auct. Trithemio, 1 v. in-8.
92 Abrégé de la grammaire grecque, 1 v. in-8.
93 Universæ phraseologiæ corpus a Wagner, (double), 1 v. in-8.
94 Parnassus poeticus. S. J. 1 v, in-8.
95 Dictionarium latino-germanicum (Argentorati 1536), 1 v. in-8.
96 Schrevelii lexicon manuale græco latinum, (double), 1 v. in-8.
97 Palatium eloquentiæ, 1 v. in-8.
98 De l'emploi des conjonctions dans la langue grecque, 1 v. in-8.
99 Almanach royal pour l'an 1823, 1 v. in-8.
100 Trithemii steganographia illustrata a Neidel, 1 v. in-8.
101 Manuel de l'instituteur primaire, 1 v. in-8.
102 Principes de l'étude comparative des langues, 1 v. in-8.
103 Probi de litteris antiquis, 1 v. in-8.
104 Novum dictionarium latino-germanicum et germanico-latinum auct. Frisio, 1 v. in-4.
105 La poétique de Jules de la Menardière, 1 v. in-4r
106 Vocabularius prædicantium, (Argentorati 1513), 1 v. in-4.
107 Lexicon germanico-latinum, 1 v. in-4.
108 Hederici lexicon latino-germanicum, 1 v. in-4.
109 Phrasœlogia germanico-latina 1 v. in-4.
110 Aphthonii rhetorica, 1 v. in-4.
111 Dictionarium Calepini latino-græcum, 1 v. in-4.
112 Ravisii epithethorum opus, 1 v. in-4.
113 Dictionarium latino-germanicum Chalini, 1 v. in-4.
114 Novus apparatus latino-græcus, 1 v. in-4.
115 Le trésor des trois langues espagnole, française et italienne, 1 v. in-4.
116 Hadriani lexicon græco-latinum, 1 v. in-4.
117 Dictionarium poeticum, 1 v. in-4.
118 Philotei symbola christiana, 1 v. in-4.
119 Dictionnaire des quatre langues de l'Europe, 2 v. in-4.
120

121 Flores sententiarum græcarum et latinarum, 1 v. in-folio.
122 Erasmi adagiorum opus, 1 v. in-folio.
123 Possevini bibliotheca de ratione studiorum, 1 v. in-folio.
124 Eloquentiæ sacræ et humanæ paralella auct. Caussino. 1 v. in-folio.
125 Polyanthea, 1 v. in-folio.
126 Dictionnaire français-latin, (1549), 1 v. in-folio.
127 Henrichi Loviti in Tito Livio annotationes, 1 v. in-folio.
128 Onosmaticum propriorum nominum auct. Gesnero, 1 v. in-f°.
129 Dictionnaire égyptien, par Champollion, 1 v. in-folio.
130 Guallerii prælectiones in Horatium, 1 v. in-folio.
131 Henrichi dictionarium græce-latinum, 1 v. in-folio.
132 Nizolii observationes, 1 v. in-folio.
133 Nizolius sive thesaurus ciceronianus, (double), 1 v. in-folio.
134 Calepini, dictionarium linguæ latinæ, (double), 1 v. in-folio.
135 Lexicon latino-germanicum, 1 v. in-folio.
136 Scapulæ lexicon græco-latinum, 1 v. in-folio.
137 Calepini, dictionarium octolingue, 1 v. in-folio.
138 Dictionarium universale latino-gallicum, 1 v. in-folio.
139 Calepini Ambrosi. Dictionarium octolingue, 1 v. in-folio.
140 Calepini, dictionarium undecim linguarum, (double), 1 v. in-f°.
141   id.   dictionarium septemlingue, 1 v. in-folio.
142 Ducange glossarium ad scriptores mediæ et infimæ latinitatis, 2 v. in-folio.
143 Pagnini thesaurus linguæ sanctæ, 1 v. in-folio.
144 Le grand dictionnaire de l'académie française, (1646), 2 v. in-f°.
145 Dictionnaire français-latin, publié par M. le prince de Dombes, 3 v. in-folio.
146 Dictionnaire universel français et latin de Trevoux, 7 v. in-folio
147 Roberti stephani thesaurus linguæ latinæ, 4 v. in-folio.
148 Barran. Direction morale des instituteurs, 1 v. in-12.
149 Théry. Modèles de discours et allocutions, 1 v. in-12.

150 Egger: Grammaire comparée pour l'étude des trois langues classiques, 1 v. in-12.
151 Jules Radn. Bibliotèques communales, 1 v. in-4.

JURISPRUDENCE. LÉGISLATION. POLITIQUE.

1 Justi Lipsi monita et exempla politica, 1 v. in-32.
2 Ordonnance de 1667, 1 v. in-32.
3 Politica universalis auct. Verdenhagen, 1 v. in-32.
4 Dialogues de Jacques Tahvreau, 1 v. in-32.
5 Traités de confédération et d'alliance, 1 v. in-32.
6 Corvini enchiridium, 1 v. in-18.
7 Vinuii selectæ questiones, 1 v. in-18.
8 Borhorni institutiones politicæ, 1 v. in-18.
9 Les institutions de l'empereur Justinien, 1 v. in-18.
10 Etat de l'empire, par Du May, 1 v. in-12.
11 L'art du blason de Mémotrier, 1 v. in-12.
12 Coutumes générales du duché de Lorraine, 1 v. in-12.
13 Science de la noblesse, 1 v. in-12.
14 Ordonnances des eaux et forêts, 2 v. in-12.
15 Concilii Tridentini canones et decreta, 1 v. in-12.
16 Mémoires touchant les ambassadeurs, 1 v. in-12.
17 Bodini de republica, (double), 1 v. in-12.
18 Ordonnance criminelle de Charles V, 1 v. in-12.
19 Ordonnance du roi sur le service des places, 1 v. in-12.
20 Theatrum politicum Amb. Martiani, 1 v. in-12.
21 De translatione imperii romani ad Francos, 1 v. in-12.
22 Machiavelli de officio principis, 1 v. in-12.
23 Pratica prudentiæ politicæ et militaris auct. Mangenberto, 1 v. in-12.
24 Thomæ linacri Britanni, 1 v. in-12.
25 Modus legendi abrevationes, 1 v. in-12.

— 31 —

26 La politique du temps, 1 v. in-12.
27 Code des seigneurs, 1 v. in-12.
28 Institutitions au droit ecclésistique, par Fleury, 2 v. in-12.
29 Science de la jeune noblesse, 3 v. in-12.
30 Institutions du droit canonique, par Durand de Maillane, 10 v. in-12.
31 Le style universel, par Gauret, 2 v. in-12.
32 Traité de procédure civile, par Pothier, 2 v. in-12.
33 Code militaire, 5 v. in-12.
34 Dictionnaire des aides, 1 v. in-12.
35 Causes célèbres, par Richer, 9 v. in-12.
36 De l'administration des finances en France, par Necker, 3 v. in-12.
37 Traité du droit des fiefs, par Goetsmann, 2 v. in-8.
38 Lettre d'un Suisse restant en France à un Français restant en Suisse, concernant les affaires en Europe, 1 v. in-8.
39 Elementa juris civilis Heineccii, 1 v. in-8.
40 De republica, auct. Gregorio Tholozano, 1 v. in-8.
41 Questiones controversæ ex jure civili, feudali, 2 v. in-8.
42 Recueil historique des bulles depuis le concile de Trente, 1 v. in-8.
43 De l'autorité des deux puissances, 4 v. in-8.
44 Les devoirs du prince, 1 v. in-8.
45 Œuvres de Furgole, 8 in-8.
46 Corpus juris civilis, (1598), 1 v. in-8.
47 Collegium publicum de statu rei romanæ, 1 v. in-8.
48 Capitulation de Léopold, empereur des romains, 1 v. in-8.
49 Commentaire de l'ordonnance pénale de Charles V, 1 v. in-8.
50 Gallia vindicata auct. Maimburgo, 1 v. in-8.
51 Anhaltische Cautzlei, 1 v. in-8.
52 Dictionnaire du code civil par Daubanton, 1 v. in-8.
53 Manuel des maires, 2 v. in-8.

54 Conférences sur les ordonnances, par Ballet, 1 v. in-8.
55 Apparatus eruditionis ad jurisprudentiam auct. Biner, 2 v. in-8.
56 Praxis aurea, 3 v. in-8.
57 Arcanorum status auct. Pelzhoffer, 1 v. in-8.
58 Lois rurales de la France, par Fournel, 3 v. in-8.
59 De la Justice criminelle en France, par Béranger, 1 v. in-8.
60 Theatrum politicum à Neumayr, 1 v. in-8.
61 Théorie des lois politiques en France, 4 v. in-8.
62 Collection des ouvrages publiés pour ou contre Necker, 3 v. in-8.
63 Notes d'arrêt du conseil souverain d'Alsace, 1 v. in-8.
64 Circulaires du ministre de l'intérieur, 5 v. in-8.
65 Législation sur les mines par Locré, 1 v, in-8.
66 Pacis compositio inter principes et Augustanæ confessioni adhæ-
    rentes 1 v. in-8.
67 Examen du système électoral anglais par Jolivet, 1 v. in-8.
68 Cours abrégé de législation et de procédure criminelle, 1 v. in-8.
69 Examen de quelques questions d'économie publique, par Bois-
    sier, 1 v. in-8.
70 Droits des curés et des paroisses, 1 v. in-8.
71 Explication de la bulle d'or, 2 v. in-8.
72 Wolovsky. Revue de législation et de jurisprudence, (1843-
    1859), in-8.
73 Code criminel de l'empereur Charles V, 1 v. in-4.
74 Variarum solutionum juris civili libri auct. Hunnio, 1 v. in-4.
75 Corpus antiquitatum romanorum auct. Dampstero, 1 v. in-4.
76 Règlement de Louis XIII sur le ban et arrière-ban, 1 v. in-4.
77 Conférences des ordonnances de Louis XIV, par Bornier,)dou-
    ble), 2 v. in-4.
78 Le code des décisions foresues, 1 v. in-4.
79 Wesembeici in Pandectas, 1 v. in-4.
80 Scheidewini institutiones, 1 v. in-4.
81 Traité des droits seigneuriaux par Boustarie, 1 v. in-4.

82 Traité sur les prescriptions, etc., par Dunod, 1 v. in-4.
83 Le style universel, par Gauret, 1 v. in-4.
84 Corpus juri canonici (Coloniæ munatianæ 1670), 1 v. in-4.
85 Rotæ gennæ de mercatura, 1 v. in-4,
86 Juris canonici theoria et praxis, auct. Cabussolio, 1 v. in-4.
87 Recueil des titres et mémoires concernant le clergé de France, 14 v. in-4.
88 Traité des successions, par Lebrun, 2 v. in-4.
89 Dictionnaire du droit, par Ferrière, 2 v. in-4.
90 Observations sur la coutume de Bourgogne, par Dunod, 1 v. in-4.
91 Coutumes d'Orléans, par Pothier, 1 v. in-4.
92 Collection de décisions nouvelles, par Denizart, 4 v. in-4.
93 Dictionnaire du droit canonique, par Durand de Maillane, 4 v. in-4.
94 Libertés de l'église gallicane, par Durand de Maillane, 5 v. in-4.
95 Traités des bénéfices, par Gohard, 7 v. in-4.
96 Traités sur les droits civils, par Pothier, 5 v. in-4.
97 Traité de la vente par décret, par de Héricourt, 1 v. in-4.
98 Procès-verbal des conférences pour l'examen des articles des ordonnances de 1667 et 1670, 1 v. in-4.
99 Codicis Justinianei libri XII, 1 v. in-4.
100 Discussion de l'adresse dans les deux chambres, 1 v. in-4.
101 Pratique de l'éducation des princes, par Varillas, 1 v. in-4.
102 Lagenspiegel, coutumier allemand, (all.), 1 v. in-4.
103 Mémoire des commissaires des rois de France et d'Angleterre, sur les possessions des deux couronnes en Amérique, 5 v. in-4.
104 Formulaire allemand, (Strasbourg 1519), 1 v. in-folio.
105 Formulaire allemand, (Strasbourg 1485), 1 v. in-folio.
106 De l'institution du prince, par Budé, 1 v. in-4.
107 Institutions du droit impérial et du droit romain, par Perneder, (all.), (double), 1 v. in-folio.

108 Mynsengeri apotolesma., 1 v. in-4.
109 Aurea bulla Caroli IV et constitutiones imperii, 1 v. in-folio.
110 Formulaire allemand (Francfort 1557) 1 v. in-folio.
111 Statuts et privilèges de la noblesse de la Basse-Alsace, 1 v. in-4.
112 Ordonnances d'Alsace, 1 v. in-folio.
113 Recueil des décisions de la chambre impériale, par Barth (all)., 1 v. in-folio.
114 Jus naturale ex observatione Parisini, 1 v. in-folio.
115 Carpzowii practica rerum criminalium, 1 v. in-folio.
116 Concilia et responsa super diversis juris materiis, 1 v. in-f°.
117 Decretales Gregorii IX, 1 v. in-folio.
118 Corpus juris canonici, (Lugduni 1624), 1 v. in folio.
119 Supplément aux lois civiles, par Jony, 1 v. in-folio.
120 Aller des Rœmeischen Reichs gehaltener Reichslage Ordunung, 1 v. in-folio.
121 Magnum bullarium romanum, 5 v. in-folio.
122 Recueil des traités, 4 v. in-folio.
123 Ordonnances d'Alsace (double), 2 v. in-folio.
124 Recueil des édits et déclarations du roi, 6 v. in-folio.
125 Lois ecclésiastiques, par de Héricourt (triple) 1 v. in-folio.
126 Lois civiles de Domat, (double) 1 v. in-folio.
127 Diplômes et chartes de l'époque mérovingienne, par Letrone, 5 livraisons in-folio, planches et un petit volume texte in-4.
128 Code des actionnaires à la bourse de Paris, par de Catelin, 1 v. in-12.
129 Picot. Manuel pratique du code Napoléon, 1 v. in-12.
130 Dubarry. Code d'instruction primaire, 1 v. in-12.
131 Manuel du clerc de notaire, 1 v. in-12.

GÉOGRAPHIE. VOYAGES.

1 Ph. Cleiveri introductio in universam geographiam, 1 v. in-32.
2 Zeillerii fidus Achates, 1 v. in-18.
3 Guide pour la nouvelle géographie, 2 v. in-18, (all).
4 Courtes questions de géographie, de Hubner, (all)., 1 v. in-18 (triple).
5 Sito ed antichita della citta di Pozzacolo di Mazzetta, 1 v. in-12.
6 Delicia Germaniæ, 1 v. in-18
7 Le guide des Pays Bas, de Boussingault, 1 v. in-12.
8 Jérusalem, auct. Wiuspeckio, (all)., 1 v. in-12.
9 Sphère historique, par Lartigant, 1 v. in-12.
10 Description de Paris, par Brice, 2 v. in-12.
11 Rudimenta geographica, (all)., 1 v. in-12.
12 Compendium geographiæ ecclesiasticæ, a. C. A. Stadel, 1 v. in-12.
13 Etat de la Corse, 2 v. in-12.
14 Reusneri de Italia, 1 v. in-12.
15 Géographie, par Jacobi, (all.), 1 v. in-12.
16 Viaggi per l'Italia, Francia e Germania di Madrizio, 1 v. in-12.
17 Cahiers de Géographie ancienne de Burette, 2 v. in-12.
18 Description de la confédération suisse, 4 v. in-12.
19 Carte de Dôle et de ses environs, collée sur toile. pliée et renfermée dans un étui en carton in-12.
20   id.   Noseroi   id.   id.
21   id.   Genève   id.   id.

22 Carte de Bourg-en-Bresse, collée sur toile, pliée et renfermée dans un étui en carton, in-12.
23 id. Luxeuil id. id.
24 id. Dijon id. id.
25 id. Langres id. id.
26 id. Vesoul id. id.
27 id. Besançon id. id.
28 Géographie universelle, de Hubner, 6 v. in-12.
29 Collegia geographico-politicæ, (all), 1 v. in-8.
30 Happelii mundus mirabilis tripartitus, (all.), 1 v. in-8.
31 Voyages de Benjamin, 1 v. in-8.
32 Voyages en Afrique, en Asie, etc, par Mocquet, 1 v. in-8.
33 Description de l'Afrique, par Léon l'Africain, 2 v. in-8.
34 Les voyages aventureux de F. Mendez Pinto, 3 v. in-8.
35 Voyages de Barthème et autres, 1 v. in-8.
36 Voyages de Bernier, 2 v. in-8.
37 Voyages de Champlain, 2 v. in-8.
38 Cours de cosmographie, de Mentelle, 2 v. in-8.
39 Note d'un voyage dans l'ouest de la France, par Mérimée, 1 v. in-8.
40 Compendium totius orbis, auct. Kolbs, 1 v. in-8.
41 Géographie du Canada, par Shéridan Hogan, 1 v. in-8.
42 Géographie, par Chauchard et Müntz, 1 v. in-8.
43 L'Afrique de Marmol, trad. de Perrot d'Ablancourt, 3 v. in-8.
44 Relation d'un voyage fait au Levant, 1 v. in-8.
45 Voyage en Chine, 1 v. in-4.
46 Histoire générale des voyages, 19 v. in-4.
47 Girault de St-Fargeau. Dictionnaire de toutes les communes de France, 3 v. in-4.
48 Statistique du Haut-Rhin, 1 v. in-4.
49 Statistique de la Drôme, 1 v. in-4.
50 Voyages en Asie, par Bergeron, 1 v. in-4.

51 Voyage à Jérusalem, (all. double), 1 v. in-4.
52 Voyages de Tavernier, (all), 1 v. in-4.
53 Cosmographie de Seb. Munster, (all.), 1 v. in-4.
54 Description de la ville de Vienne, par Obermann, 1 v. in-folio.
55 Description des voyages de P. de la Valle, (all.), 2 v. in-folio.
56 Le miroir des mœurs des Indiens, Chinois, etc., par François, (all.), 2 v. in-folio.
57 Burgund de América, (all.), 1 v. in-folio.
58 Statistique de la France, 1 v. in-folio.
59 Dictionnaire géographique historique de la Martinière, 6 v. in-folio.
60 Relation du voyage de Morée, par Bory, atlas in-folio et 2 v. in-8.
61 Charles Texier. Description de l'Asie mineure. 3 v. in-folio.
62 Voyage en Perse, par Flandin et Coste, 6 v. in-folio.
63 Quinze jours à Paris, par Leonhard, (all.), 1 v. in-18.
64 Etourneau. Livret guide de l'émigrant, 1 in-12.
65 Mérimée. Notes d'un voyage en Auvergne, 1 in-8.
66 Roselly de Lorgues-Christophe Colomb. Sa vie et ses voyages, 2 v. in-8.
67 Jules Oppert. Expédition scientifique en Mésopotamie, 2 livraisons in-folio.
68 Voyage au Sénégal, par Labarthe, 1 v. in-12.
69   id.   dans l'Océan Pacifique, par Broughton, 2 v. in-12.
70 Campagne pittoresque du Luxor tenté, 1 v. in-12 et atlas in-folio.
71 La Toscane et le midi de l'Italie, 2 v. in-8.
72 Voyage au Caucase, par Potocki, 2 v in-8.
73 Voyage dans l'Afrique occidentale, par Raffenel, 1 v. in-8 et atlas in-folio.
74 Second voyage dans le royaume de Choa, par Rochet d'Héricourt, 1 v. in-8.

75 Voyage à la côte orientale d'Afrique. Guillain, 3 v. in-8, atlas in-folio.
76 Laplace. Voyage de circumnavigation de la frégate l'Artemise, 6 v. in-8.
77 Voyage en Abyssinie, 8 v. in-8, 2 atlas in-folio.
78 Voyage dans les mers du nord, par Ch. Edmond, 1 v. in-4.
79 Glossaire nautique, par A. Jal, v. in-4.
80 Voyage de Dentrecastraux, 2 v. in-4 et atlas in-folio.
81 Voyage de Vancouver à l'Océan Pacifique, 3 v. in-4 et atlas in-folio.
82 Campagne dans les mers de l'Inde et de la Chine à bord de la frégate l'Erigone, 4 v. in-8.
83 Voyage de l'Empereur en Bretagne et en Normandie en 1858, livraison in-4.

PHILOSOPHIE.

1 Idea philosophiæ moralis, auct. Burgersdicio, 1 v. in-18.
2 Zincreíii emblemata, 1 v. in-12.
3 Abrégé de toute la philosophie, par de Maraudé, 1 v. in-12.
4 Alciati emblemata, 1 v. in-12.
5 L'art de se bien connaître, par Roseville, 1 v. in-12.
6 Barban. Commentarius in Aristotelis moralem, 1 v. in-12.
7 La morale de Tacite, la flatterie, par la Houssaye, 1 v. in-12.
8 Aristotelis organum, 1 v. in-12.
9 Cours de philosophie, par Dupleix, 1 v. in-12.
10 Joannis Clerici opera philosophica et physica, 2 v, in-12.
11 Gvazzi de civili conversatione, 1 v. in-12.
12 Adagia sive sententiæ proverbiales, per Laugium, (double), 1 v. in-12.
13 Imagines mortis, 1 v. in-12.
14 Philosophia curiosa, auct. Telkowski, 3 v, in-12.
15 Appendix ad institutiones philosophiæ Purchottii, 5 v. in-12,
16 Prima et generalis philosophia a Klauss, 1 v. in-12.
17 Porphyrii institutiones, Aristotelis topicæ, etc., 1 v. in-12.
18 Principes de la philosophie, par Gottscheden, (all.), 1 v. in-12.
19 Académie française, par la Primaudaye, 1 v, in-12.
20 Magiri. Physiologiæ peripateticæ libri, 1 v. in-12.
21 Dictionnaire philosopho-théologique, 1 v. in 12.
22 De la vanité du monde, par Chappuis, 3 v. in-12.
23 Antiqua priscorum hominum philosophiæ, auct d'Andrée, 1 v. in-12.
24 Summata logicæ, auct. Dedelly, 1 v. in-12.

25 Philosophia pratica universalis, auct. Mullero, 1 v. in-12.
26 Agrippæ opera, 1 v. in-12.
27 Leçons de philosophie, par Laromiguière, 2 v. in-12.
28 Storchenaw. Institutionum metaphisicarum libri, 1 v. in-8.
29 Editio nova axiomatum æconomicorum, 1 v. in-4.
30. Peripateticus nostri temporis, auct. Schwarz, 1 v. in-4.
31 Georgii Darjes. Elementa metaphysices, 1 v. in-4.
32 Essai sur la psychologie, par Pinheiro Ferreira 1 v. in-4.
33 De la charité légale, par Haville, 2 v. in-4.
34 Essai sur la philosophie des Hindous, par Paulthier, 1 v. in-4.
35 Zauchi. Philosophia mentis et sensuum, 1 v, in-4.
36 Epitome omnis philosophiæ, 1 v. in-4.
37 L'ami des hommes ou traité de la population, 2 v. in-4.
38 Boschii symbolographia, 1 v. in-folio.
39 Mastrii et Belluti philosophiæ ad mentem Scoti cursus, 1 v. in-folio.
40 Philosophia scholœ scoticæ, auct. Krisper, 1 v. in-folio.
41 Dictionnaire économique, par Thomel, 4 v. in-folio.

LITTÉRATURE, BELLES-LETTRES, POLYGRAPHIE.

1 Cornelius Tacitus, 1 v. in-32.
2 Barclaii Euphornionis satyricon, 1 v. in-18.
3 Gislenii Busbequii omnia quæ supersunt, 1 v. in-18.
4 Thucididis de bello peloponesiaco (latin), 1 v. in 18.
5 Suetonii Cœsaris, (Lugduni 1558), 1 v. in-18.
6 Dionisii Halicarnassii antiquitates, (Lugdini 1565), 1 v. in-18.
7 Horatio Tursellino. De particulis latinæ orationis, 1 v. in-18.
8 Lucani opera, 1 v. in-
9 Statii opera (1505) 1 v. in-18.
10 Demosthenis orationes olynthiacæ et philippicæ, (græce et latine), 1 v. in-18.
11 Amniani Marcellini libri, 1 v. in-18.
12 Illustrium poetarum flores, 1 v. in-18.
13 Flavii Josephi opera, 3 v. in-18.
14 Seuecæ tragædicæ (Noribergæ), 1 v. in-18.
15 Polidori Virgilii de rerum inventoribus, 1 v. in-18.
16 J. Blade. Poema de vanitate mundi, 2 v. in-18.
17 Gislenii Busbequii legationis epistolæ, 1 v. in-18.
18 Martialis epigrammata, (Francofurti 1602, 1 v. in-18.
19 Homeri Odysseæ libri, 1 v. in-18, (triple).
20 Studiosus Jovialis. Odilione Schreger, 1 v. in-18.
21 Plauti fabulæ, 1 v. in-18.
22 Luciani dialogi delecti, (græce latine), 1 v. in-18.
23 Caroli de la rue camina, 1 v. in-18.
24 Neuophoutis de Cyri vita, (double), 1 v. in-12.
25 Gymnasma de exercitiis academicorum, (Georgii Gumpelzhaimeri), 1 v. in-12.

26 Appiani historiarum libri, (Lugdini 1508), 1 v. in-12.
27 Plini secundi historiæ mundi, 2 v. in-12.
28 Barclaii Argenis, 1 v. in-12.
29 J.-B. Gaudutius. Descriptiones poeticæ, 1 v. in-12
30 Théâtre français, 38 v. in-12.
31 Senecæ targædiæ, (Ingolstadt 1607), 1 v. in-12.
32 Ovidii mesamorphoseon libri (Basiliæ 1527), 1 v. in-12.
33 Justi Lipsi epistolæ, 1 v. in-12.
34 Senecæ opera philosophica, 1 v. in-12.
35 Histoire des Juifs, par Flavius Joseph 4 v. in-12.
36 Œuvres de Tacite, trad. de Pérot d'Ablaucourt, 2 v. in-12.
37 Titi-Livii historiæ, édition Crevier, 6 v. in-12.
38 Les décades de Tite-Live, trad. du Duryer, 15 v. in-12.
39 Erasmi lingua, 1 v. in-12.
40 Epitome vitarum Plutarchi, 1 v. in-12.
41 Lettres de quelques Juifs, par Voltaire, 3 v, in-12.
42 Q. Curce, trad. de Vaugelas et Durger, 1 v. in-12.
43 Œuvres de Van Effen, 3 v. in-12.
44 Apuleii opera, 1 v. in-12.
45 Æsopi fabulæ, (grec-latin), (triple), 1 v. in-12.
46 Le comte de Valmont ou les égarements de la raison, 2 v. in-12.
47 Juliani de cognominibus deorum, 1 v. in-12.
48 Ovidii fastorum liber, 1 v. in-12.
49 Isocratis orationes (græce latine), 1 v. in-12.
50 Epigrammata græcorum selectorum, 1 v. in-12.
51 La Cyropédie, trad. de Charpentier, 1 v. in-12.
52 Herodiani historiæ, (Ingolstadt 1617), 1 v. in-12.
53 Juvenalis et Persii satyræ, 1 v. in-12.
54 Herodiani historiæ, (Ingolstadt 1593), 1 v. in-12.
55 Theognidis sententia, 1 v. in-12.
56 Suetonii Cæsaris, (Basiliæ 1560), 1 v. in-12.

57 Ovidii mesamorphoseon libri. (Coloniæ 1546). 1 v. in-...
58 Erasmi colloquia, 1 v. in-12.
59 Flori libri de gestis romanorum, (Coloniæ 1537), 1 v. in-12.
60 Erasmi epistolæ breviores aliquot, 1 v. in-12.
61 Sententiæ breves et elegantiores, 1 v. in-12.
62 Justini libri, 1 v. in-12.
63 Q. Curtius, 1 v. in-12.
64 Petri Gualterii, (Basiliæ), 1 v. in-12.
65 Ciceronis epistolæ, (double), 1 v. in-12.
66 Aristotelis de moribus, (Basiliæ 1573), 1 v. in-12.
67 Studiosus jovialis ; Schreger, 1 v. in-12.
68 Q. Curtius, avec remarques allemandes, (double), 1 v. in-12.
69 Auli-Gelli noctes atticæ, (double), 1 v. in-12.
70 Œuvres de Jean Racine, 2 v, in-12.
71 Cornelii Nepotis, vitæ, 1 v. in-12.
72 Valerii maximi exempla, 1 v. in-12.
73 De phrasibus linguæ latinæ (Coloniæ Agrippinæ), 1 v. in-12.
74 Beucii orationes et carmina, 1 v. in-12.
75 Horatii opera, (Basiliæ 1531), 1 v. in-12.
76 Selectæ e Tito-Livio narrationes, 1 v. in-12.
77 Flori libri de gestis romanorum, (Argentorati 1569), 1 v. in-12.
78 Quintiliani institutiones oratoriæ, (avec notes de Rollin), 2 v. in-12.
79 La rhétorique de Cicéron, 1 v. in-12.
80 Œuvres de Voltaire, 1 v. in-12.
81 Porée. Orationes, 3 v. in-12.
82 Discours académiques de Millot, 1 v. in-12.
83 Opuscules de Rollin, 2 v. in-12.
84 Vimentii Paravicini. Singularia de viris claris cruditione, 1 v. in-12.
85 Virgili opera cum notis Ruæi, 1 v. in-12.
86 Actii Plauti Amphitryo, 1 v. in-12.

87 Titi-Livii Patavini historiarum, (Basiliæ 1554) 1 v. in-12.
88 J.-B. Gaudutius. Descriptiones oratoriæ, 1 v. in-12.
89 Plutarque, œuvres morales, 3 v. in-12.
90 Ovidii heroidum liber, (Hafniæ 1545) 1 v. in-12.
91 Aristotelis rhetoricorum libri, 1 v. in-12.
92 Ciceronis epistolæ, (avec notes allemandes), 1 v. in-12.
93 Ciceronis epistolæ ad Atticum, ad Brutum, etc. (Francofurti 1590) 1 v. in-12.
94 Natalis comitis mythologia, 1 v. in-12.
95 Cesaris commentarii (Lugduni 1540) 1 v. in-12.
96 Scaligeri poemata, 1 v. in-12.
97 Cesaris commentarii, (Lugduni 1547) 1 v. in-12.
98 Partitiones oratoriæ Ciceronis, (Francofurti 1584) 1 v. in-12.
99 Virgilii opera, (Francofurti 1583) 1 v. in-12.
100 Theatrum lyricum, (coloniæ Agrippinæ) 1 v. in-12.
101 Carmina Caroli Lebeau, 1 v. in-12.
102 Statii opera, (Antverpiæ 1595), 1 v. in-12.
103 Patrum S. J. ad rhenum inferiorem poemata, 1 v. in-12.
104 Virgilius christianus, 1 v. in-12.
105 Œuvres de Gesner, 2 v. in-12.
106 Maria. Rime di Neralco, 1 v. in-8.
107 Josephi Desbillons fabulæ, 2 v. in-8.
108 Lychosthenis Rubuacensis similium loci communes, 1 v. in-8.
109 Œschinis et Demosthenis orationes adversariæ, 1 v. in-8.
110 Œuvres de Montesquieu, 6 v. in-8.
111 Œuvres de Lesage, 10 v. in-8.
112 Pensées de Blaise Pascal, 2 v. in-8.
113 Le paradis perdu, par Chateaubriant, 2 v. in-8.
114 Tauski. L'Espagne en 1843 et 1844. Lettres sur les mœurs politiques, 1 v. in-8.
115 Virgilii opuscula, 1 v. in-8.
116 Essai sur la littérature anglaise, par Chateaubriant, 1 v. in-8.

117 Nigroni orationes, 1 v, in-4.
118 Angelæi Bargæi pœmata, 1 v. in-4.
119 Terentius, (Lugduni 1560), 1 v. in-4.
120 Concours généraux. Devoirs donnés aux élèves, 1 v. in-4.
121 Ovidii fastorum liber, éd. Pankoucke, avec trad. 2 v. in-4.
122 Rapport historique sur les progrès de la littérature ancienne, 1 v. in-4.
123 Lettres opuscules et mémoires, par Faugère, 1 v. in-4.
124 Quintiliani institutiones oratoriæ (Parisiis 1541), 1 v. in-4.
125 Erasmi laus stultitiæ, 1 v. in-4.
126 Œuvres de Tacite, trad. d'Ablancourt (double), 1 v. in-4.
127 Chorus pœtarum classicorum, 1 v. in-4.
128 Ciceronis opera omnia (Basiliæ 1587), 1 v. in-4.
129 Sallustius, éd. Pankoucke, 1 v. in-4.
130 Auctores linguæ-latinæ, 1 v. in-4.
131 Œuvres mêlées de St-Évremont, 1 v. in-4.
132 Bibliothèque militaire, 3 v. in-4.
133 Montaigne, 1 v. in-4.
134 Thycidide et Xenophon, (en français), 1 v. in-4.
135 Hérodote, (en français), 1 v. in-4.
136 Pascal, etc., 1 v. in-4.
137 Polybe, (en français), 1 v. in-4.
138 Fleury, œuvres choisies, 1 v. in-4,
139 Flavius Joseph, (en français), 1 v. in-4.
140 Justi Lipsi admiranda, 1 v. in-4.
141 Aristotelis de moribus (Basiliæ 1566), 1 v. in-4.
142 Virgilii opera cum notis Servii, 1 v. in-folio.
143 Ovidii Nasonis heroides epistolæ, 1 v. in-folio.
144 Homeri opera græco latina, 1 v. in-folio.
145 Martialis epigrammata, 1 v. in-folio.
146 Plutarque, (allemand, Colmar 1541), 1 v. in-folio.
147 Plutarchi opera (latin), 1 v. in-folio.

148 Ciceronis orationes. ? ... in-folio.
149 Les déca... de Tite-Live, trad. de Duryer, 2 v. in-folio.
150 ... unii divinum opus Basiliæ 1525), 1 v. in-folio.
151 Ciceronis epistolæ, 1 v. in-folio.
152 Poésie d'Auguste Lamey, (all), 1 v. in-18.
153 Schlund. Fluchtlings Sinn und Sein, (all), 1 v. in-18.
154 Auguste Lamey. Choix de poésies diverses, (all.), 2 v. in-18.
155 D'Alembert. Flanerie parisienne aux Etats-Unis, 1 v. in-18.
156 Mémoires d'un touriste, par de Steudhal, 2 v. in-12.
157 Lectures allemandes à l'usage des écoles, par Willm, 2 v. in-12.
158 Gustave Louis. Physiologie de l'opinion, 1 v. in-12
159 Marmier. Lettres sur l'Adriatique, 2 v. in-12.
160 Paul Auguez. Miroir des cœurs, 1 v. in-12.
161 Lettres sur l'Angleterre, par Texier, 1 v. in-12.
162 Lucas. Curiosités dramatiques et littéraires, 1 v. in-12.
163 L'oiseau, par Michelet, 1 v. in-12.
164 Vaucher. Apologie des dames de France au XIXe siècle, 1 v. in-12.
165 Un mois de retraite, par J. Rouchouse, 1 v. in-8.
166 L'abbé Lejeune. Aventures de Don Quichotte de la Manche, 1 v. in-8.
167 Lamartine. Cours de littérature, année 1856, 2 v. in8.
168 Mme Louise Colet. Monument de Molière, 1 cahier in-4.
169 Influence du bien-être matériel, par Ed. Mercier, 1 v. in-8.
170 La colombe messagère, par Michel Sabbagh, traduit de l'arabe en français, 1 v. in-8.
171 Les deux propriétaires, par Auguste Galimard, dialogue en vers, 1 v, 1 cahier in-8.

THÉOLOGIE, RELIGION, CONTROVERSE.

1. Sancti Ambrosii de officiis liber, 1 v. in-18.
2. Psalterium Davidis græco-latinum, 1 v. in-18.
3. Sancti Michaelis principatus, auct. Stangelio, 1 v. in-18.
4. Axioma philosophico-theologica, auct. Besoldo. 1 v. in-18.
5. Atlas marianus, auct. Gumppenberg, 1 v. in-18.
6. Fritschi, medicus peccans, 1 v. in-18.
7. Jacobi Crucii Mercurius, 1 v. in-18.
8. Evangelia et epistolæ quæ festis diebus legi solent, (latin-grec), 1 v. in-18.
9. Pasoris manuale novi testamenti, 1 v. in-18.
10. Les provinciales, par Louis de Montalte, 1 v. in-18.
11. Sancti Bernardi selectæ epistolæ, 1 v. in-18.
12. Réponse aux lettres provinciales, 1 v. in-18.
13. Panégyriques et sermons de Fléchier, 3 v. in-12.
14. Chrysostomi orationes, 1 v, in-12.
15. Evangelia et epistolæ dominicorum græce et latine, 1 v. in-12.
16. Gregorii Nazianzeni epistolæ selectæ, 1 v. in-12.
17. Evangelia et epistolæ quæ festis diebus legi solent, (latin-allemand) 1 v. in-12.
18. Epitome bibliorum, 1 v. in-12.
19. Davidis psalmi, 1 v. in-12.
20. Erasmi testamentum novum græce et latine, (Basilia 1588), 1 v. in-12.
21. Courte instruction contre les erreurs des anabaptistes, (all.) 1 v. in-12.
22. Tractatus de confessionibus meleficorum, 1 v. in-12.

23 Precationes in sanctos septimæ dies, 1 v. in-12.
24 Tuba altera per Liberium Candidum, 1 v. in-12.
25 Selectæ, Patrum S. J. orationes, 1 v. in-12.
26 Pensées de Massillon, 12 v. in-12.
27 Pensées théologiques relatives aux erreurs du temps, 1 v. in-12.
28 Sermons choisis sur les mystères de la religion, 14 v. in-12.
29 Conférences ecclésiastiques d'Angers, 30 v. in-12.
30 Pensées de Bourdaloue, 2 v. in-12.
31 Sermons de Bourdaloue 15 v. in-12.
32 Conférences ecclésiastiques de Paris, 9 v. in-12.
33 Erasmi novi testamenti editio postrema, (Tiguri 1554)., 1 v. in-12.
34 Lactantii institutiones adversus gentes, 1 v. in-12.
35 Imitation de J.-C. traduite en vers français, par Corneille, 1 v. in-12.
36 Novum testamentum græco-latinum, (double) (Coloniæ 1592(, 1 v. in-12.
37 Erasmi testamentum novum, græce et latine, (Lipsia 1582)., 1 v. in-12.
38 Vegetius Christianus, auct Bosquiero, 1 v. in-12.
39 Pensées ingénieuses des Pères de l'Eglise, 1 v. in-12.
40 Dictionnaire philosophique de la religion, par l'abbé Nonnotte, 4 v. in-12.
41 Traité des superstitions au sujet des sacrements, 3 v, in-12.
42 Dictionnaire ecclésiastique portatif, 2 v. in-12.
43 Observations théologiques et morales sur le livre de Berruyer, 3 v. in-12.
44 Antiquités et explication des cérémonies de la religion, (all.), 1 v. in-12.
45 Dictionnaire théologique portatif, 1 v. in-12.
46 Dictionnaire des hérèsies, 2 v. in-12.
47 Conférences de Cassien, 2 v. in 12.

48 Biblia sacra, (Lugduni 1567), 1 v. in-12.
49 Erasmi testamentum novum latine (Basiliæ 1522) 1 v. in-12
50 Summa de exemplis et rerum similitudinibus, 1 v. in-12, (double).
51 Sacrosanctum concilium Tridentinum, 1 v. in-12.
52 Evangelium secundum Lucam græce, 1 x. in-12.
53 Novum testamentum græcum, (Moguntiæ 1753), 1 v. in-12.
54 Bible de famille, 1 v. in-12, (double).
55 Opiniâtreté et audace des païens (all.) 1 v, in-12.
56 Philosophie chrétienne, par Hartmann, (all.) 4 v. in-12.
57 Novum Jesu Christi testamentum græce et latine, 1 v. in-8.
58 Pancarpium Marianum, (double), 1 v. in-8.
59 Dilucidatio speculi apologetici, 1 v. in-8.
60 Messis myrrhæ et aromatum, 1 v. in-8.
61 Dictionnaire apostolique, par de Montargon, 12 v. in-8.
62 Bibliothèque portative des Pères de l'Eglise, 9 v. in-8.
63 Veterum interpretum græcorum in vetus testamentum fragmata, 1 v. in-8.
64 Elogia Mariana, 1 v. in-8.
65 Historia J.-C. stigmatibus, auct. Palcolo, 1 v. in-8.
66 Lettres de Saint-Augustin, 6 v. in-8.
67 Patrologia, auct. Wilhelm, 1 v. in-8.
68 Institutiones hermeneuticæ sacræ scripturæ, auct. Mousperges, 2 v. in-8.
69 Prophetæ, (Autverpiæ 1716), 1 v. in-8.
70 Biblia sacra, (Autverpiæ 1716), 1 v. in-8.
71 Œuvres de Massillon, 13 v. in-8.
72 Bibla sacra (Venitiis 1483), 1 v. in-8.
73 De la religion, 1 v. in-8.
74 Manuale biblicum (latin-allemand), 1 v. in-4.
75 Biblia sacra, (Basileæ 1578), 1 v. in-4.
76 Examen novarum dictrinarum, 1 v. in-4.

77 Triomphe de l'Evangile, 3 v. in-4.
78 Méditations sur les principales vérités chrétiennes, 1 v. in-4.
79 Martyrologium romanum (coloniæ agrippinæ 1751), 1 v. in-4.
80 Angelique, des excellences et perfections mortelles de l'âme. 1 v. in-4.
81 Vera fraternitas, auct. Ionghem, 1 v. in-4.
82 Les vies des saints, 10 v. in-4.
83 Bibliorum sacrorum concordantia a Petro Eulard, 1 v. in 4.
84 Dictionnaire théologique-historique de Boissimère, 1 v. in-4.
85 Gallemart. Sacrosanctum æcumenicum Tridentinum concilium, 1 v. in-4.
86 Introduction à l'écriture sainte, 1 v. in-4.
87 Instruction pastorale de l'évêque du Puy, 1 v. in-4.
88 La sainte bible en latin et en français, avec notes de M. de D. Calmet, 17 v. in-4.
89 Institution de la religion chrétienne, par Calvin, 1 v. in-4.
90 Bibliothèque des prédicateurs, par Hondry, 22 v. in-4.
91 Histoire de l'institution de la fête de Dieu, 1 v. in-4.
92 St-Jérome. Œuvres. 1 v. in-4.
93 Monuments primitifs de l'église chrétienne, 1 v. in-4.
94 Ouvrages mystiques, 1 v. in-4.
95 Lettres édifiantes et curieuses, 2 v. in-4.
96 Concordantiæ Bibliorum a Francisco Lucca, 1 v. in-4.
97 Pontificum doctum, 1 v. in-folio.
98 Missale romanum, (1504), 1 v. in-folio.
99 Martyrologium romanum, (antverpiæ 1613), 1 v. in-folio.
100 Lumina reflexa, auct. Pinello, 1 v. in-folio.
101 Commentarii Cernelii a Lapide in vetus et novum testamentum, 15 v. in-folio.
102 Biblia sacra, (Basileæ, 1573), 1 v. in-folio.
103 Breviarii Basilien, pars hiemalis, 1 v. in-folio.
104 Menochii commentarii totius scripturæ, 1 v. in-folio.

105 Tournely, cursus theologicus, 5 v. in-folio.
106 Tirini commentarius in sacram scripturam, 1 v. in-folio.
107 Sanchez de matrimonio, 1 v. in-folio.
108 Concordantiæ bibliorum a Francisco Lucca, 1 v. in-folio.
109 Germani Carlier biblia sacra germanico-latina, 2 v. in-folio.
110 La sainte bible, en allemand, 1 v. in-folio.
111 Biblia sacra versiculis distincta, (Lugduni 1686), 1 v. in-folio.
112 Missale Basiliense, 1 v. in-folio.
113 Don Calmet. Dictionarium biblicum, 1 v. in-folio.
114 Ambrosii opera, 1 v. in-folio.
115 Breviarium Romanum, (Antverpiæ 1628), 1 v. in-folio.
116 La cité de Dieu, de St-Augustin, 1 v. in-folio.
117 Concordantiæ bibliorum... Petri de Besse, 1 v. in-folio.
118 Berchorii opera, 1 v. in-folio.
119 Augustini opera, 4 v. in-folio.
120 Sti-Bernadi opera, 1 v. in-folio.
121 Vie de N. S. Jésus-Christ, 2 v. in-folio,
122 L'éternelle consolation ou l'imitation de J. C., 1 v. in-18.
123 Mlle de Chabaud-Latour. Poésies chrétiennes, 1 v. in-12.
124 Cours de religion chrétienne, par Coquerel, 1 v. in-12.
125 Guide biblique, 3 v. in-8.
126 La sainte bible, par Le Maistre de Sacy, 1 v. in-8.

OUVRAGES DÉPOSÉS AU COLLÉGE.

Cicéron, 36 v.
Horace, 3 v.
Choix de classiques latins, 66 livraisons.
Histoire universelle de César, 25 v.
Antiquités d'Alsace, 10 v.
Théocrite, 1 v.
Tacite, 1 v.
Virgile. 1 v.
Démosthène, 1 v.
Isocrate, 1 v.
Homère, 1 v.
Hésiode, 1 v.
Eschyle, 1 v.
Aristophane, 2 v.
Theucydite, 1 v.
Xénophon, 1 v.
Polybe, 1 v.
Appien, 1 v.
Théophraste, 1 v.
Lucien, 1 v.
Diodore de Sicile, 1 v.
Bible des septante, 2 v.
Fragments historiques, 1 v.
Le Nouveau Testament, (grec), 1 v.
Dictionnaire des sciences naturelles, 73 v.
Leçons d'anatomie comparée, par Cuvier, 7 v.

Le règne animal, par le même, 5 v.
Ossements fossiles, par le même, 10 v.
Encyclopédie moderne, 25 v.
Les suites à Buffon, 18 v.
Biographie universelle, par Michaud.
Publication industrielle, 1 v.
Flavius, (grec-latin), 2 v.
Plutarque, (id.), 1 v.
Des orateurs, 1 v.
Dictionnaire de la conversation et de la lecture, 52 v.
Choix de classiques grecs-latins.
Cantu, 19 v.
Fragments d'histoire, 3 v.
Philostrate, 1 v.
Éléments de physique terrestre, 1 v.
Ovide, 1 v.
Ancien testament, 2 v.
Nouveau testament, 1 v.
Platon, 21 v.
Arrien, 1 v.
Michelet, 1 v.
Mallet. Etudes philosophiques, 2 v.
Cours de philosophie, 4 v.
Histoire comparée, 1 v.

Le Bibliothécaire.
Victor DANTZER.

Certifié par le maire de Belfort, chevalier de l'ordre impérial de la Légion d'Honneur.
MÉNY.

Belfort. — Imp. et lith. de J.-B. Clerc.